一学就会的实用格斗术▶

看视频
学徒手防身

《一学就会的实用格斗术》编写组　编

U0359803

内 容 简 介

在危急情形下寻求自保是人之本能，学习徒手防身技能，懂得如何运用简单的动作进行有效的自卫，是生命和财产安全的保障。

《看视频学徒手防身》从第一章徒手防身基本功练习开始，过渡到第二章徒手防身防守动作练习，同时教给读者进行安全闪躲的方法。第三章主要是徒手防身的实用技法，针对突然袭击，给出有效的防身和制敌方法指导。第四章对于防身格斗中常见的损伤和常用的恢复手段进行了介绍。第五章提供的是一套防身格斗操，可作为徒手防身的日常练习使用。

图书在版编目（CIP）数据

看视频学徒手防身 / 《一学就会的实用格斗术》编
写组编. — 北京：化学工业出版社，2021.6
ISBN 978-7-122-38951-0

Ⅰ.①看… Ⅱ.①—… Ⅲ.①防身术 Ⅳ.
①G852.4

中国版本图书馆 CIP 数据核字（2021）第 066469 号

责任编辑：宋 薇　　　　　　　　　　　　装帧设计：张 辉
责任校对：张雨彤　　　　　　　　　　　　版式设计：水长流文化

出版发行：化学工业出版社（北京市东城区青年湖南街 13 号　邮政编码 100011）
印　　装：中煤（北京）印务有限公司
710mm×1000mm　1/16　印张 9½　字数 189 千字　2021 年 8 月北京第 1 版第 1 次印刷

购书咨询：010-64518888　　　　　　　　　　售后服务：010-64518899
网　　址：http://www.cip.com.cn
凡购买本书，如有缺损质量问题，本社销售中心负责调换。

定　　价：79.00 元　　　　　　　　　　　　　版权所有　违者必究

目录

第一章　徒手防身基本功练习

第二章　徒手防身防守动作练习

第三章 徒手防身实用技法

第四章　防身格斗常见损伤与常用恢复手段

第五章　防身格斗操

平时多练习
让防身技巧成为一种本能反应

第一章

徒手防身

基本功练习

防身格斗中拳法、腿法、步法、身法和防守技术的运用，都是为了更好地进攻，必须认真掌握分立单项技术动作的起止路线、着力点和攻击的部位。而动作的起止路线和着力点直接关系着动作成功与否，它是技术的关键。在训练中常采用的方法与训练顺序为：原地慢速度分解练习→结合步法、身法练习→打固定靶练习→打活靶（包括移动靶、变换靶和组合靶）练习→模拟实战练习→有条件限定的实战练习→实战练习等。这里重点介绍格斗防身技击的打固定靶练习。

一、上肢防身格斗练习

1 指法

（1）点

要点： 食指或中指攥捏前凸，借蹬地转体以肩催肘之力向前直线戳击，力达第二指关节。或以各手指在接触攻击目标时抠、捏、掐对手的穴位。

► 看视频学徒手防身 ◄

指法—点

（2）插

要点： 食指和中指挺直，借蹬地转体以肩催肘，手心向下；向前直线戳击，力达指尖。

▶ 看视频学徒手防身 ◀
指法—插

（3）掐

要点： 以鹰爪借蹬地转体带肩催肘，手心向前直线攻击，接触攻击目标时迅速用力掐击，力达三指。

▶ 看视频学徒手防身 ◀
指法—掐

（4）抓

要点： 以虎爪迅速出击，动作要凶狠，接触攻击目标时用力抓握，力达五指。

② 掌法

（1）穿

要点： 借蹬地转体以肩催肘，掌心向上；五指并拢向前直线戳击，力达四指指尖。

（2）推

要点: 蹬地、转腰、催肩、抖臂协调一致；直线推出，快速有力；力达掌根或掌外沿。

（3）砍

要点: 借助转腰的力量，掌心向侧上；由侧上向对侧斜下猛力砍击，呼气发力，力达掌外沿。

（4）切

要点： 横掌，由内向外，由屈到伸，猛力向外切击，呼气发力，力达掌外侧。

▶ 看视频学徒手防身 ◀
掌法—切

（5）托

要点： 臂外（或内）旋，掌心斜上；蹬地发力向上或斜上托击，呼气发力，力达掌心或掌跟，目视攻击方向。

▶ 看视频学徒手防身 ◀
掌法—托

3 拳法

（1）直拳

要点： 直线冲拳，蹬地、转腰、催肩、握拳发力一气呵成；还原时以腰带肘，主动回收。

► 看视频学徒手防身 ◄
拳法—直拳

（2）勾拳

要点： 向上勾击借助脚蹬地、扣膝、挂臂、转腰的力量，发力由下至上，协调用力，力达拳面。向左或右勾击时，依然借蹬地、转腰之力，接锁肩、抬肘，力达拳面。

► 看视频学徒手防身 ◄
拳法—勾拳

（3）摆拳

要点： 蹬地与腰绕纵轴转动之力相合，肘抬起，臂微屈稍内旋，合力向侧前方弧线冲出。

▶ 看视频学徒手防身 ◀
拳法—摆拳

（4）砸拳

要点： 砸拳时腹肌收缩用力协同身体下沉；以肩带前臂，肘微屈，拳背向下方向击出。

▶ 看视频学徒手防身 ◀
拳法—砸拳

（5）弹拳

要点： 小臂肌肉尽量放松，拧腰、沉肩、伸肘，放长击远，力达拳背。

▶ 看视频学徒手防身 ◀
拳法—弹拳

（6）劈拳

要点： 以肩带前臂，肘微屈；劈击拳的对侧腰腹肌收缩用力，协同身体下沉。

▶ 看视频学徒手防身 ◀
拳法—劈拳

（7）鞭拳

要点: 上步与插步转体要既快又稳，落脚方位要适合转身出拳；发力时拧腰和手臂鞭抽协调一致。

► 看视频学徒手防身 ◄
拳法—鞭拳

4 肘法

（1）顶肘

要点: 蹬地进步与抬臂屈肘动作连贯，肘尖向前，近身顶，步身合一力达肘尖。

► 看视频学徒手防身 ◄
肘法—顶肘

（2）砸肘

要点： 屈膝收腹身下沉由上向下，力达肘尖猛力砸击。

▶ 看视频学徒手防身 ◀
肘法—砸肘

（3）挑肘

要点： 快速、凶狠；蹬腿、挺髋、提肘上挑要协调一致。

▶ 看视频学徒手防身 ◀
肘法—挑肘

（4）扫肘

要点： 屈臂伸肩腰后转；肘尖向后猛力平击，呼气发力，力达肘尖。

► 看视频学徒手防身 ◄

肘法—扫肘

二、下肢防身格斗练习

1 腿法

（1）勾腿

要点： 收腹合胯腿向前，弧线擦地侧向勾踢，脚背屈紧并内扣，力达脚弓内侧。

► 看视频学徒手防身 ◄

腿法—勾腿

（2）弹腿

要点： 以膝带腿，爆发用力，快速连贯。

▶ 看视频学徒手防身 ◀

腿法—弹腿

（3）截腿

要点： 脚踝紧张，发力短促、沉实。

▶ 看视频学徒手防身 ◀
腿法—截腿

（4）蹬腿

要点： 屈膝高抬、爆发用力，快速连贯。

▶ 看视频学徒手防身 ◀
腿法—蹬腿

（5）踹腿

要点： 屈膝高抬，抬腿、蹬腿动作要协调、连贯，爆发用力时支撑脚顺势转动，以加大击的力度和距离。

▶ 看视频学徒手防身 ◀
腿法—踹腿

（6）鞭腿

要点： 以转体带动摆腿，动作连贯、快速。

▶ 看视频学徒手防身 ◀
腿法—鞭腿

（7）扫腿

要点： 低身与转体要快速连贯，借转体带动扫腿，加快动作速度，增强力度。

▶ 看视频学徒手防身 ◀
腿法—扫腿

2 膝法

（1）顶膝

要点： 向上提膝迅速，下拉有力，上顶要凶狠。

▶ 看视频学徒手防身 ◀
膝法—顶膝

（2）冲（撞）膝

要点： 向前直撞，回拉有力，前撞凶狠。

▶ 看视频学徒手防身 ◀
膝法—冲（撞）膝

（3）扫膝

要点： 收腹提膝动作要快，对侧合力要凶狠。

▶ 看视频学徒手防身 ◀
膝法—扫膝

（4）飞膝

要点： 蹬地跃起猛提膝，用力向前顶或撞击，力达膝盖。

▶ 看视频学徒手防身 ◀

膝法—飞膝

（5）跪膝

要点： 以膝盖为力点向下跪击，呼气发力，力达膝盖。

▶ 看视频学徒手防身 ◀

膝法—跪膝

三、技击动作练习

1 进步直摆勾拳

要点： 进步同时出直拳加摆拳，再进步勾拳。

► 看视频学徒手防身 ◄

进步直摆勾拳

2 后闪弹踢推掌

要点: 先后闪，随即弹踢，向前落脚加推掌。

▶ 看视频学徒手防身 ◀

后闪弹踢推掌

3 拍按插掌顶膝

要点: 拍按防守接插掌反击,进步抓拉上顶膝。

► 看视频学徒手防身 ◄
拍按插掌顶膝

► 看视频学徒手防身 ◄

截腿砍掌挑肘

4 截腿砍掌挑肘

要点： 截腿后乘机砍掌，随即步法跟进加挑肘。

5 抄抱勾踢别摔

要点: 接腿抄抱及勾踢，侧步跱脚转身别腿摔。

6 挡抓拧臂压肘

要点: 闪身挡抓拧臂，退避折腕压肘。

平时多练习
让防身技巧成为一种本能反应

第二章

徒手防身

防守动作练习

防守是战胜对手的必要手段，对于保护自己，变被动为主动，有效制服对手具有重要意义。防守技术通常分为接触性防守、非接触防守（躲闪防守）两种。接触性防守，即通过肢体的拦截、阻挡对手的进攻，完成防守动作。躲闪防守是通过身体姿势的变化或者身体位置的移动，在不和对手有身体接触的情况下完成防守动作。格斗中必须掌握过硬的防守技术。在防守技击训练中常采用的方法与训练顺序为：模仿练习→假设性练习→不接触的攻防练习→接触的攻防练习→进攻与防守反击练习→模拟实战练习→有条件限定的实战练习→实战练习。

一、接触性防守动作练习

1 阻挡

（1）肩臂阻挡

要点： 双臂紧贴左右两肋或靠拢；含胸收腹，低头收下颌；两臂护在头部两侧或胸腹前。

▶ 看视频学徒手防身 ◀

阻挡—肩臂阻挡（挡拳）

▶ 看视频学徒手防身 ◀

阻挡—肩臂阻挡（挡腿）

（2）提膝阻挡

要点： 屈膝迅速提腿。同时前手臂稍收回，上体微沉。

► 看视频学徒手防身 ◄
阻挡—提膝阻挡

2 推按

（1）左右推拍

要点： 横向左右推拍，发力短促，推拍同时身体应有顿挫。

► 看视频学徒手防身 ◄
推按—左右推拍

（2）上下托按

要点： 向上（下）托（按）突然，身体随之也有向上（下）合的动作。

▶ 看视频学徒手防身 ◀

推按—上下托按

3 格架

（1）手臂格架

要点： 手臂稍抬肘向斜上举起，向上格架或小臂微内旋，回收横于胸前，上体微向下沉，向下格架。

▶ 看视频学徒手防身 ◀

格架—手臂格架

（2）肘臂格架

要点： 身体稍转动，肘部以内收外展为运动的横向格架；身体稍下潜，肘部以上举下压为运动的上下格架。

4 截击

（1）拳掌截击

要点： 当判断对方准备出拳时，快速推掌阻挡出击。或者以直拳截击，出拳路线则是沿着对方出拳的臂上缘向对方延伸，直至击中对方身体。

（2）脚腿截击

要点： 当判断出对方准备用侧踹或正蹬动作时，先于对方用侧踹或正蹬阻截住对方的动作路线，或直接攻击对方要害部位，使之不能有效完成进攻动作。

► 看视频学徒手防身 ◄
截击—脚腿截击

二、 非接触性防守练习

1 躲闪

（1）侧闪

要点： 两膝微屈；上体以腰为轴，向左右微转并微俯身，或加上步法进行躲闪。

► 看视频学徒手防身 ◄
躲闪—侧闪

（2）后闪

要点： 以腰为轴，重心后移，上体略后仰，或加上步法进行躲闪。

► 看视频学徒手防身 ◄

躲闪—**后闪**

（3）下潜

要点： 双膝弯曲，重心下降前移，上体略前俯，前手臂自然收回，或护于下颌或乘机出拳。

► 看视频学徒手防身 ◄
躲闪—下潜

2 摇避

（1）左右摇避

要点： 上体以腰为轴做不规则的左右摇摆，重心时有摇摆，两臂一般情况下轻贴两肋部，下颌微收，或加上步法进行。

► 看视频学徒手防身 ◄
摇避—左右摇避

（2）上下摇避

要点: 上体以腰为轴做不规则的上下摇摆，重心时有升降，两臂一般情况下轻贴两肋部，下颌微收，或加上步法进行。

► 看视频学徒手防身 ◄
摇避—上下摇避

三、防守反击练习

1 接触性防守反击

（1）推拍与反击

要点: 判断出对方的进攻拳法，利用推拍完成有效防守并乘机反攻。

► 看视频学徒手防身 ◄
接触性防守反击—
推拍与反击

（2）格架与反击

要点： 判断对方的进攻技术，适时格架并乘机反攻。

▶ 看视频学徒手防身 ◀

接触性防守反击——
格架与反击
（踢腿）

▶ 看视频学徒手防身 ◀

接触性防守反击——
格架与反击
（正蹬，右侧）

▶ 看视频学徒手防身 ◀

接触性防守反击——
格架与反击
（正蹬，左侧）

2 非接触性防守反击练习

（1）躲闪与反击

要点： 判断对方进攻技术，适时利用身法或步法完成躲闪并乘机反攻。

▶ 看视频学徒手防身 ◀
非接触性防守反击练习—
躲闪与反击（击肋）

▶ 看视频学徒手防身 ◀
非接触性防守反击练习—
躲闪与反击（击头）

（2）摇避与反击

要点： 适时利用身法或步法摇避完成防守或主动迷惑对方并乘机反攻。

四、 摔跌练习

实战训练中，经常出现倒地的现象，在对抗中身体失去平衡时，可向不同方向摔跌，以便进行攻击或自我保护，化险为夷。因此必须掌握合理的倒地技术、增强抗震能力，同时也能提高身体的协调性和灵活性。

1 滚翻

要点： 低头、含胸、收腹、屈体，以肩、背、腰、臀的顺序依次着地，借惯性向前或侧滚翻。也可作反向的后滚翻。

看视频学徒手防身

滚翻—前滚翻

► 看视频学徒手防身 ◄

滚翻—

鱼跃前滚翻（侧面）

► 看视频学徒手防身 ◄

滚翻—

鱼跃前滚翻（斜侧）

看视频学徒手防身 ◀
滚翻—后滚翻

② 前倒

要点： 身正、体直、腿绷紧，抬头收腹勿撅臀，两掌及小臂主动拍地。

► 看视频学徒手防身 ◄

前倒

③ 前扑

要点： 充分向前跃起；直身前扑，以两掌、小臂和两脚内侧着地。

► 看视频学徒手防身 ◄

前扑

4 侧倒

要点： 摆腿跃起半转身，积极撑地平稳落，也便于倒地后用勾腿、蹬腿、剪腿等发起进攻。

▶ 看视频学徒手防身 ◀
侧倒

▶ 看视频学徒手防身 ◀

后倒

5 后倒

要点: 屈膝、降低重心，收腹、屈身、低头；以肩、背部及两臂着地。

平时多练习
让防身技巧成为一种本能反应

第三章

实用技法 徒手防身

1

接鞭腿压摔

1 敌后鞭腿向我方进攻时，快速身体前探，抱其膝关节处，提至腰际。

2 后腿向前一步卡在敌裆部下方，右臂按于敌右大腿根部。

► 看视频学徒手防身 ◄

接鞭腿压摔

	格斗准备
1	接鞭腿
2	上步按压

3 身体向左拧腰转胯，右臂下按，将敌摔倒。

4 重心随敌方下沉，压于敌身上，右臂借势顶压颈部
制敌。

2

直拳撞膝

1 直拳抢攻敌方面部，挡住对方视野。

▶ 看视频学徒手防身 ◀

直拳撞膝

	格斗准备
1	直拳抢攻
2	抱颈下压
	提膝撞胸

2 顺势双手向前插掌，抱住敌方脖颈并下压，在敌身体前倾时，起右膝上顶，撞其胸、腹部。

3	压摔于地
	下冲拳击打
4	踩踏背部

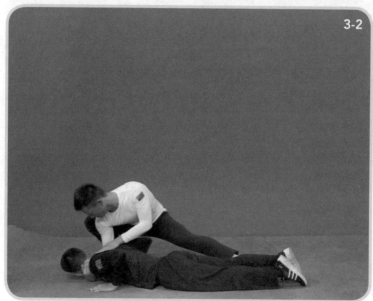

3 向前下用力压摔，将敌摔倒在地。

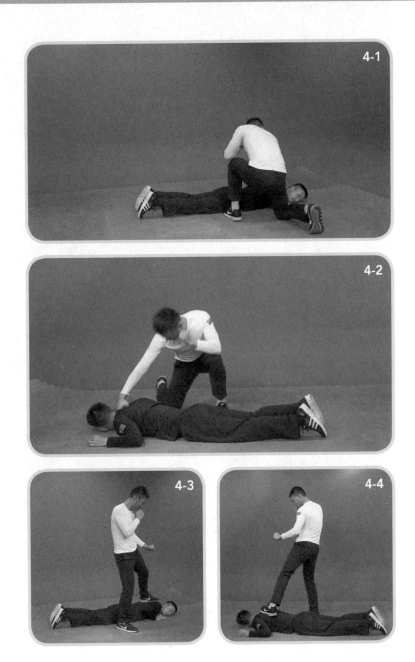

4　右拳击打敌颈、头部，起身踩踏背部制敌。

3

按头别臂折腕

1 后鞭腿强攻，迫使敌下格挡。

▶ 看视频学徒手防身 ◀

按头别臂折腕

	格斗准备
1	鞭腿抢攻
2	按敌肩背

2 顺势左手按敌肩，右手抄腋下卡于肩背部。

3 右腿落于敌前腿内侧，重心下沉，向左拧腰转胯，
右手别臂下按将敌摔倒。

4 左手迅速折敌手腕制敌。

| 3 | 别臂下摔 |
| 4 | 折腕制服 |

4

接鞭腿挑摔

▶ 看视频学徒手防身 ◀
接鞭腿挑摔

1 敌后鞭腿向我方进攻时，左手抱其膝关节处提至腰际。

2 右手从敌右侧搂住脖颈下按。

	格斗准备
1	抱接鞭腿

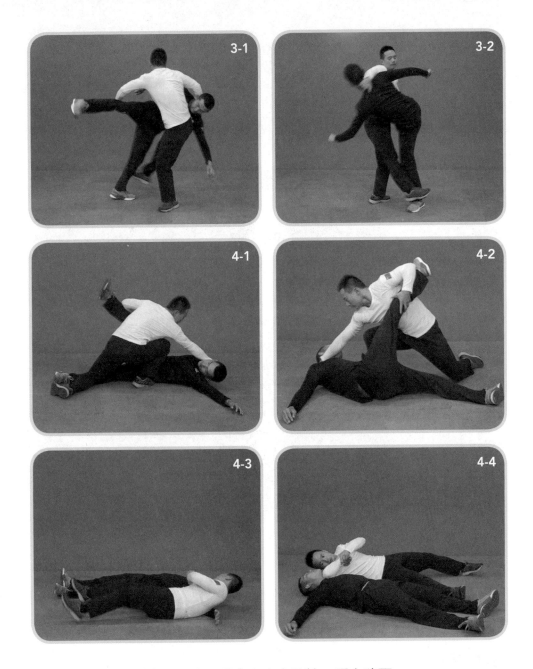

3 左手上提敌右腿，右手用力向右向下按，重心移至左腿，起右腿挑敌支撑腿将其摔倒。

4 顺势下倒，用肘下砸敌颈、头部。

2	搂颈下按
3	提腿下按
4	砸敌头颈

5

防摆拳接锁颈

1-1

1-2

1 敌后摆拳进攻时，我方快速前手上提进行格挡。

► 看视频学徒手防身 ◄
防摆拳接锁颈

	格斗准备
1	前手格挡

2 格挡后顺势抓握敌大臂后拉，使其身体前倾，同时右手从敌后夹颈。

3 左手顺势折敌手腕，右手锁颈上提制敌。

| 2 | 后拉夹颈 |
| 3 | 折腕锁颈 |

6

背后踹腿锁喉

1-1

1-2

1 从背后踹敌膝窝，破坏其站立平衡。

	格斗准备
1	踹敌膝窝
2	卡喉锁颈

2 快速贴住敌方，右手绕颈卡喉。

3 将左手放于敌后脑，右手抓握其左小臂成裸绞锁喉。

4 挺胸后仰，迫使敌重心上移，双脚无法蹬地发力反抗。

3	裸绞锁喉
4	挺胸后仰

7

绊摔下击

1-1

1-2

1 敌后摆拳进攻时，我方快速前手上提，进行挡抓。

	格斗准备
1	挡抓摆拳
2	上步夹脖

2 迅速上右步于敌右腿右侧绊住，同时右臂打夹
敌脖。

3 左后转体，左手拉右手按，将敌摔倒。

4 右手下冲拳击打敌颈、面部。

3	夹脖下摔
4	跪冲下击

8

拧摔顶膝

1 敌后摆拳进攻时，我方快速前手上提进行挡抓。

	格斗准备
1	挡抓敌拳
2	上步搂抱

2-1

2-2

3-1

3-2

4-1

4-2

4-3

2 迅速上右步于敌两腿之间，同时右手搂抱敌腰背部。

3 撤左步，拧腰转胯，将敌拧摔于地。

4 顺势用右膝顶腹擒敌。

3	拧摔于地
4	顶腹擒敌

9

勾绊摔接压颈

1 敌后摆拳进攻时，我方快速前手上提进行挡抓。

► 看视频学徒手防身 ◄
勾绊摔接压颈

	格斗准备
1	挡抓敌拳
2	擒臂后拉

2 右手迅速抄敌右腋下，擒臂后拉，迫使敌身体
前倾。

3 重心前移，起后腿勾绊敌右腿，同时身体左旋用右肩压其身体，将其摔倒在地。

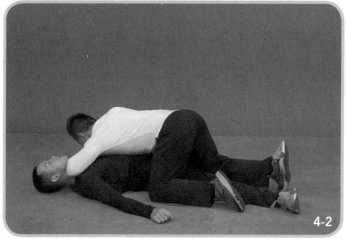

4 顺势将身体下压，并用手臂压颈部擒敌。

	勾绊敌腿
3	旋转下压
	摔倒于地
4	下压肘击

10

后抱腿摔接锁喉

1-1

1-2

1 从敌后侧趁敌不备，顺势弯腰下蹲，两手沿敌身体下滑至膝盖处，后拉上提，肩顶敌腰，合力将敌摔倒。

▶ 看视频学徒手防身 ◀

后抱腿摔接锁喉

	格斗准备
1	抱腿顶肩
2	摔倒于地

2 快速前移压敌
背部，防其
逃脱。

3 右臂紧勒敌喉
部，左手抓右
手腕，上提锁
喉制敌。

3 锁喉制敌

11

防后搂脖别臂摔

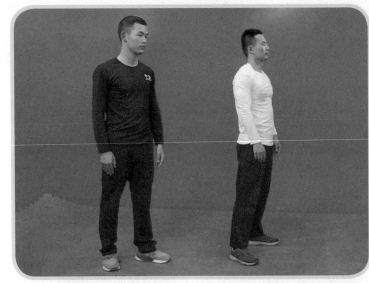

1-1

1-2

1 当敌从后方单手锁喉时，我同侧手迅速抓其手腕解脱。

► 看视频学徒手防身 ◄

防后搂脖别臂摔

		格斗准备
1		敌单手锁喉
		左手抓腕

2 侧跨一步拉开空间，右手臂后绕别臂，左手抓右手腕。

3 左腿后撤一步，向左下转胯拧摔，将其别臂摔倒在地。

4 倒地后折其手腕擒敌。

2	右手别臂
3	撤步下摔
4	别臂擒敌

12 防摆拳绊摔

1　敌摆拳进攻时，我方快速前手上提进行挡抓。

▶ 看视频学徒手防身 ◀
防摆拳绊摔

	格斗准备
1	格挡敌拳
2	上步别臂

2　上右步侧身，贴住敌中心线，右手抄抱。

3　右腿绊住敌左腿，左手拉、右手按，合力向左下
　　拧摔。

4　待敌摔倒在地时顺势屈肘下砸。

3	撤步绊腿拧摔
4	屈肘砸颈

13

顶膝下摔

1-1

1-2

1-3

► 看视频学徒手防身 ◄

顶膝下摔（1）

► 看视频学徒手防身 ◄

顶膝下摔（2）

1 敌用右手拍我左肩，我左手抓按其手腕外旋，右肘砸其右肘，迫使其身体前倾。

	格斗准备
1	敌拍我肩
	抓腕砸肘

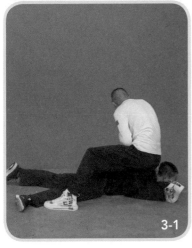 

2 右手按敌背部，使其上身下倒，同时起右腿迅速上顶敌胸腹部。

3 左手抓住敌右手手腕，使其手臂伸直，右手掐敌脖颈擒敌。

| 2 | 提膝顶腹 |
| 3 | 下摔制服 |

14

踩脚顶肘破后抱腰

1-1

1-2

▶ 看视频学徒手防身 ◀

踩脚顶肘破后抱腰
（1）

▶ 看视频学徒手防身 ◀

踩脚顶肘破后抱腰
（2）

1 当敌从后抱住我腰时，我快速下沉重心防其抱摔。

	格斗准备
1	敌从后抱腰

2　双手拍按敌双手，并掰其手指挣脱开，提右脚猛力踩踏敌右脚。

3　左手抓住敌左手，防其躲闪，同时迅速抬右臂屈肘，以肘尖为力点转体向敌头部进行肘击。

| 2 | 踩脚掰手 |
| 3 | 肘击头部 |

15

背后扫腿锁颈

1

1 趁敌不备，从背后左手抓其左手腕，右手搂脖。

▶ 看视频学徒手防身 ◀

背后扫腿锁颈

	格斗准备
1	抓手搂脖

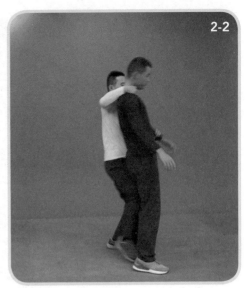

2 左腿支撑，起右腿扫踢，右臂下按，身体向右拧转
将敌摔倒。

3 将敌左手臂前绕颈，换右手拉其左手腕，上提
锁喉。

| 2 | 背后扫腿 |
| 3 | 绕颈锁喉 |

16 撞膝顶肘破锁喉

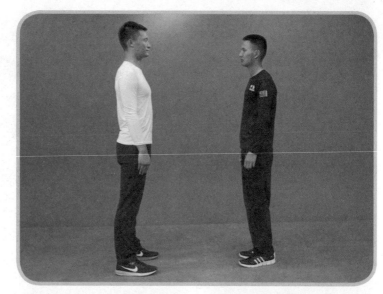

1 当被敌正面双手掐脖时，双手上提外格挡挣脱。

2 挣脱后重心前移，双手迅速扣敌颈部。

▶ 看视频学徒手防身 ◀

撞膝顶肘破锁喉

	格斗准备
1	敌双手卡喉
2	格挡挣脱
	扣敌颈部

3 双手下按，同时提右膝撞
敌胸部。

4 右手臂屈肘向敌头部进行
击打。

3	提膝顶腹
4	顶肘打击

17

后踹腿砸颈

► 看视频学徒手防身 ◄
后踹腿砸颈（1）

► 看视频学徒手防身 ◄
后踹腿砸颈（2）

1 趁敌不备，右腿从后踹击其膝关节，使其下跪。

	格斗准备
1	从后踹膝
2	按头顶膝

2 双手将敌头部向左按压，左腿迅速上步膝顶其
头部。

3 左腿下落，重心下移，右肘用力下砸敌头、颈。

3　屈肘砸颈

18

砍脖拧摔

1-1

1-2

1 左手拨挡敌前直拳，右手砍击敌脖颈。

2 右手下按，起右腿顶膝。

► 看视频学徒手防身 ◄

砍脖拧摔

1	拨挡砍脖
2	下按顶膝

3 右腿顺势落地，左腿后撤一步，身体向左旋转，右
臂屈肘顶敌头部，合力将敌摔倒在地。

4 左手抓握敌右手腕，用右臂压其脖颈擒敌。

3	旋转拧摔
4	压颈擒敌

19

别臂摔

1-1

1-2

► 看视频学徒手防身 ◄
别臂摔（1）

► 看视频学徒手防身 ◄
别臂摔（2）

1 敌直拳向我进攻时，左脚向左前闪身上步，右脚自然跟进，身体稍向右转，右手抓敌手腕，左手由下向上猛击其大臂。

	格斗准备
1	抓腕击臂
2	锁敌关节

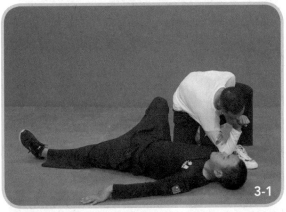

2 左手下砸敌肘窝，并抓握自己右臂，锁敌关节。

3 右脚上步，身体左旋，重心下沉将敌拧摔于地，双手保持别臂擒敌。

3　下摔擒敌

20

闪身掏腿摔

1-1

1-2

1 当敌后直拳进攻时，我快速做出反应，闪身下潜，左手掏腿，右手抱腰。

► 看视频学徒手防身 ◄

闪身掏腿摔

	格斗准备
	下摔擒敌
1	掏腿抱腰

2 左手上提敌后腿，右手向右下按腰，身体向右下拧
摔，合力将敌摔倒。

3 双手抓住敌右踝关节，同时右腿踹敌颈部擒敌。

2	右下拧摔
3	踹颈擒敌

21

拧摔接十字固

▶ 看视频学徒手防身 ◀

拧摔接十字固

1 敌后摆拳进攻时，我方快速前手上提进行挡抓。

2 右腿上步卡于敌左腿内侧，右手经腋下抄抱背部，左手拉，右手按，向左下拧腰转胯，合力将敌摔倒。

	格斗准备
1	格挡敌拳
2	上步抄抱
	合力拧摔

3 左右手同时抓住敌左手腕，使其手臂伸直，掌心朝上。

4 我右腿绕过敌左手臂，踩踏于敌头部右侧，身体主动后倒，左腿卡敌躯干，右腿卡敌颈部，臀部上翘，成十字制敌。

| 3 | 绕腿扣手 |
| 4 | 掰手翘臀 |

22

过头摔

1 当敌正面冲来双手搭我肩时，我双手由下向上猛击敌大臂下方，并牢牢抓住大臂。

▶ 看视频学徒手防身 ◀

过头摔

	格斗准备
1	击敌大臂
2	屈膝蹬腹

2 起右腿蹬住敌腹部，借助敌冲力，双手猛拉敌手臂并用脚将其蹬起。

3 身体主动后倒，臀部、背部、肩部依次着地，将敌蹬向空中，敌摔下后为后倒姿势。

4 我方完成后滚翻动作，并骑坐在敌身上，右拳击打敌颈或面部。

3	后倒摔敌
4	骑坐下击

23 连击别臂摔

1 连续格挡敌右摆拳、左摆拳。

	格斗准备
1	格挡敌右摆拳
	格挡敌左摆拳
2	挡抓敌右臂

2 敌后摆拳抢攻时，左手挡抓，右手击打其右大臂并抓住上挑。

3 左脚上步，右脚自然跟随，向右下拧转别臂下摔。

4 倒地后顺势左腿跪于敌背部，左手折腕，右手卡肘擒敌。

| 3 | 别臂下摔 |
| 4 | 跪压制服 |

24

砸肘拧摔

► 看视频学徒手防身 ◄

砸肘拧摔（1）

► 看视频学徒手防身 ◄

砸肘拧摔（2）

1 敌正面双手搭我肩上时，我左手拍按其右手腕，将其贴于我肩上，防其挣脱。

2 右手臂由上向下砸敌左肘，迫使其左手臂离开我身体并下沉。

1	敌双手搭肩
2	抓腕砸肘

3 左手抓其右手腕旋转，右手抄抱于敌背部，上右腿挡绊敌右腿。

4 左手拉，右手按，左下转身拧摔将敌摔倒于地，重心下沉，顺势出右拳击打敌颈部或面部。

3	上步绊腿
4	拧摔于地
	击打颈部

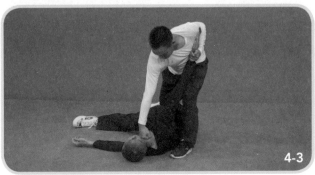

25

抱腿顶摔

1-1

1 我方后摆拳抢攻，当敌左手进行格挡并出后摆拳时，我方身体迅速下沉躲闪，双手顺势抱敌两膝窝处。

	格斗准备
1	摆拳抢攻
	下潜抱腿
2	顶摔于地

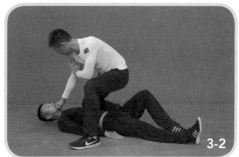

2 双手后拉，同时肩部前顶，合力将敌摔倒在地。

3 快速起身，右膝压敌身上，出右拳下击敌颈部或面部。

3　跪步下冲拳

26

顶肋拧摔

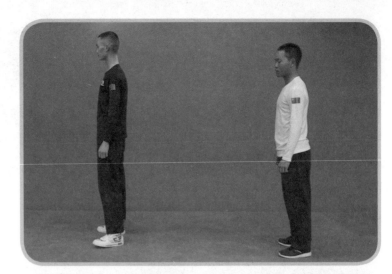

1 趁敌不备，从后面用左手抓其左手腕上抬。

2 右臂屈肘向右顶敌肋部。

	格斗准备
1	抬腕顶肋
2	抬腕顶肋

► 看视频学徒手防身 ◄
顶肋拧摔（1）

► 看视频学徒手防身 ◄
顶肋拧摔（2）

► 看视频学徒手防身 ◄
顶肋拧摔（3）

3 我方右手经敌上臂缠绕，并抓住我左手臂，将敌左
臂锁住。

4 向右拧转身体，将敌下摔至地面，右手折腕，左手
卡肘擒敌。

| 3 | 锁敌手臂 |
| 4 | 拧摔折腕 |

27

跺脚顶胸破后锁喉

1 当敌从后锁住我脖颈时，快速下沉重心，低头含胸，双手四指插入敌手臂内拉出空间。

2 左脚跺脚踩敌左脚，右臂屈肘后顶敌胸部或肋部。

► 看视频学徒手防身 ◄
跺脚顶胸破后锁喉
（1）

► 看视频学徒手防身 ◄
跺脚顶胸破后锁喉
（2）

1	敌从后锁脖
2	踩敌脚面
	肘击敌胸

3 双手抓握敌左手腕上提，顺势降重心低头，绕至敌侧后方，继续向后提拉敌手腕。

4 左手松开敌手腕，别敌肘部将敌摔跪于地。

3	上提手臂解脱
4	别臂下按

28 卡喉绊腿

1-1

1-2

1 敌右鞭腿向我进攻时，快速前探身体，抱其膝关节并提至腰际。

▶ 看视频学徒手防身 ◀
卡喉绊腿

	格斗准备
1	挡抱敌鞭腿
	卡敌咽喉
2	绊腿下按

2-1

2-2

3

2 右腿上步挡绊于敌左腿后侧，同时右手卡敌喉部。

3 重心前移，右手卡脖前推，左手上提敌右腿，身体
略微左转将敌摔于地面。

| 3 | 下摔于地 |

29

过肩摔破后抱腰

1 当敌从后方夹双臂抱我时，迅速上抬两臂挣脱。

2 向右转身，左手抓敌右手腕。

▶ 看视频学徒手防身 ◀
过肩摔破后抱腰
（1）

▶ 看视频学徒手防身 ◀
过肩摔破后抱腰
（2）

	敌由后夹臂抱
1	架臂挣脱

3 身体向右下旋转，臀部转动顶住敌腹部，以臀部为
支撑点，两膝弯曲，将敌摔于地面。

	抓腕顶腹
3	过肩摔
	摔于地面

30

翘腿摔破后抱腰

1-1

1-2

1 当敌从背后抱住我腰部并且双腿成前后站立时，我方迅速弯腰，双手抓其前腿脚踝上提。

	敌由后抱腰
1	弓腰抓踝
	上提脚踝

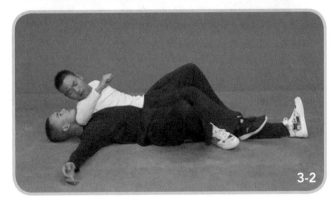

2 借助裆部阻挡形成敌前膝反关节，我双手上翘，身体下坐将敌摔倒在地。

3 我顺势后倒，反肘击敌颈部或面部。

3 后倒肘击

31

击头绊摔破卡喉

1-1

1-2

1 当敌正面拍我肩膀或卡喉时，我迅速双手合掌向上猛击解脱，双手五指交叉由上向下猛击敌头部。

▶ 看视频学徒手防身 ◀
击头绊摔破卡喉

	敌正面双手卡喉
1	合掌上击
	猛击头部
2	卡喉绊腿摔

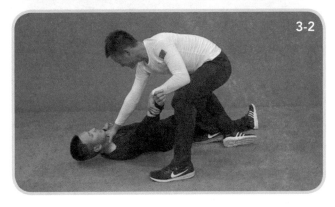

2 左脚向左前上一步，右脚上步绊住敌右腿后侧，左
手抓敌右手腕，右手卡喉。

3 身体重心前压，略向左转，右手用力前推将敌
摔倒。

32

别臂擒敌

1

▶ 看视频学徒手防身 ◀
别臂擒敌（1）

▶ 看视频学徒手防身 ◀
别臂擒敌（2）

1 当敌左手搭我肩时，我右手经外侧向左搭于敌左臂，同时左手握右手腕。

	敌单手搭肩
1	上步别臂
2	别臂下按

2 右脚向前一步，左手拉右手腕，身体左下旋转，使敌跪于地面。

3 右腿经上从敌大臂绕过，臀部坐于敌左肩，双手抓敌手腕上提擒敌。

3　绕腿上提擒敌

33

转身反击

1

1 当敌后直拳向我进攻时，左手向内格挡，迅速向右转身，右脚向前迈步贴于敌右脚旁，右臂屈肘横击敌头部。

	格斗准备
1	内拨挡敌直拳
2	转身顶肘

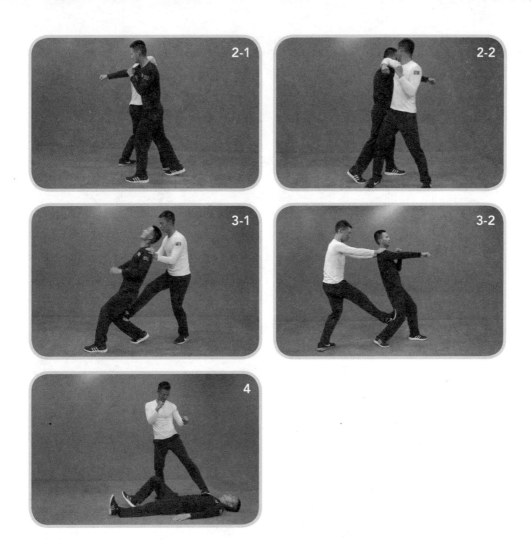

2 左脚顺势前跨一步，身体继续右转，双手搭于敌肩部。

3 双手后拉下按，起右腿踹敌膝窝处将敌摔倒在地。

4 当敌完全躺于地面时，左脚踩踏敌胸部擒敌。

| 3 | 踹敌膝窝 |
| 4 | 踩踏敌胸 |

34

背后裸绞

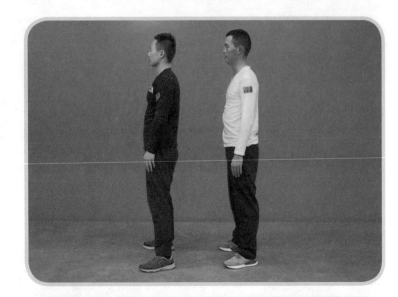

1-1

1 趁敌不备，从敌后方右手绕颈后勒，左手迅速卡敌后脑，右手抓左手臂，压缩空间。

2 向前挺胸，重心下沉，主动后倒，将敌拖至地面。

▶ 看视频学徒手防身 ◀

背后裸绞

	格斗准备
	绕颈后勒
1	裸绞后拉

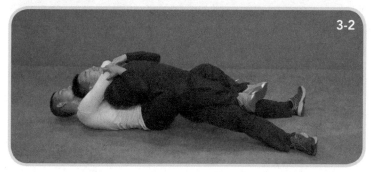

3 双腿岔开，快速卡于敌胯部，手臂后拉，臀部上翘，防止敌转身逃脱。

2	挺胸后倒
3	地面降服

35

别臂拧摔

1 敌后摆拳进攻时，我快速前手上提，挡抓敌手腕并下按，右手抄敌右手臂并下拉，使敌重心前移，身体前倾。

格斗准备
挡敌摆拳
擒臂下压
撤步抱腰

（表格左侧数字：1、1、2）

▶ 看视频学徒手防身 ◀
别臂拧摔（1）

▶ 看视频学徒手防身 ◀
别臂拧摔（2）

▶ 看视频学徒手防身 ◀
别臂拧摔（3）

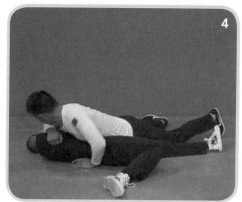

2 右手卡住敌右大臂，左手松开手腕抄抱敌腰部。

3 身体迅速右转，撤右腿，左腿绊住敌右腿，拧腰转
胯，向下按压，将敌摔倒。

4 身体顺势压于敌身上，右臂压敌脖颈擒敌。

3	拧摔于地
4	下压制服

36

挑摔肘击

1

1 敌后摆拳进攻时，我身体下沉，起手格挡，抓握其小臂。

► 看视频学徒手防身 ◄

挑摔肘击

	格斗准备
1	格挡敌拳
2	上步压肩

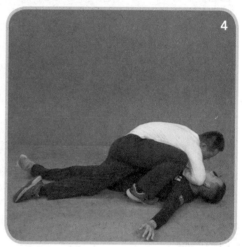

2 左脚顺势上步，右手臂搭于敌左肩并下压。

3 左手将敌右手臂上提，右手臂斜下按压敌左肩，右
腿撞击并上挑敌右腿，合力将敌摔倒。

4 身体顺势压于敌身上，右臂击打敌脖颈。

3	撞腿下摔
4	肘击敌脖

37 闪躲抱摔

1-1

1-2

1 敌后鞭腿抢攻，我迅速闪躲，敌腿落于前未站稳时，我快速上步抱住敌腰。

	格斗准备
	躲闪敌鞭腿
1	搂抱敌腰
2	抱起下摔

2 向前顶胯将其高高抱起，略侧转身将其摔倒在地。

3 顺势倒地压在敌身上，左手按住敌右手臂防其出拳
反抗，用右手击打敌面部。

3　击打面部

38

下沉肘击破后锁颈

1-1

1-2

1 当被敌背后锁颈时，身体下沉，臀部后顶成马步，同时手臂下击解脱锁颈。

	格斗准备
1	敌从后锁颈
	下沉重心解脱
2	拉手顶肘

2 左手迅速抓住敌右手腕，右臂屈肘向后顶敌颈部或头部。

3 向右转身正面迎敌，左手折腕别臂，右手卡脖锁颈上提擒敌。

3　折腕锁颈上提

平时多练习

让防身技巧成为一种本能反应

第四章

与常用恢复手段

防身格斗常见损伤

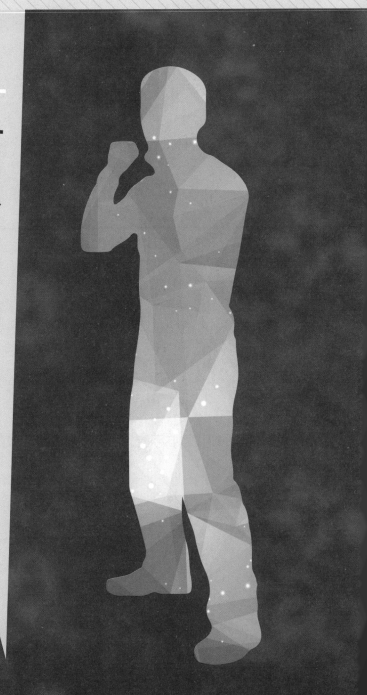

一、软组织损伤

1 擦伤

　　擦伤是指皮肤被摩擦所致的表皮细胞脱落性损伤，不伤及深处组织，愈后不影响功能，其临床表现是：外伤中最轻但又常见的一种，伤后局部疼痛，外表皮肤有脱落、有出血点及方向平行的摩擦痕迹，在沙石土地面受伤，伤处会有沙、石等异物镶入皮肤中。

2 挫伤

　　挫伤是指外力打击作用于体表皮肤及软组织所造成的损伤。

3 肌肉肌腱损伤

（1）肌肉肌腱拉伤

　　由于肌肉主动猛烈收缩，其收缩力超过了肌肉本身所能承担的极限，或肌肉受力牵伸时，超过了肌肉本身特有的伸展程度，均可引起肌肉拉伤。拉伤可发生在肌腹或肌腱交界处或肌腱的附着处。由于致伤力的大小和作用性质不同，可引起肌肉、肌腱部分纤维断裂、完全断裂或微细损伤的积累。除肌肉本身的拉伤外，常可同时伴有肌肉周围的辅助结构（如筋膜、腱鞘和滑囊）损伤。

（2）肌肉肌腱断裂

　　足踝部由跖屈位突然变更为背伸位，由于动作不规范或训练前热身运动不充分而使跟腱瞬间承受的张力超过其抗拉强度而断裂。肌肉与肌腱断裂主要症状是：断裂处局部疼痛、肿胀、压痛，并出现该肌腱暂时性或永久性的功能丧失。

（3）肌肉痉挛

俗称"抽筋"，是指肌肉不由自主地强直收缩。

4 韧带损伤

关节韧带扭伤是由间接外力所致，即在外力作用下，使关节发生超常范围的活动。轻者发生韧带部分纤维断裂，重者则韧带纤维完全断裂，引起关节半脱位或完全脱位，同时可能伴随关节囊、滑膜和软骨损伤。容易引发韧带损伤的动作包括：

（1）股骨在胫骨上外展、屈曲内旋，如负重腿从外侧撞击时。

（2）股骨在胫骨上内收、屈曲外旋。

（3）膝关节过伸。

（4）膝关节前后移位。

韧带损伤分级：韧带损伤包括膝关节扭伤和不稳定。扭伤是一种限于关节韧带的损伤，按严重程度分为3度：1度指有少量韧带纤维撕裂，伴有局部压痛，无不稳定；2度为撕裂的纤维较多，并伴有功能丧失和关节反应，有轻中度关节不稳定；3度则为韧带完全撕裂，并有明显关节不稳定表现，关节不稳定分为直向不稳定和旋转不稳定。

5 膝关节损伤

膝伸直活动时，半月板向前移动，屈曲时半月板向后移动；膝旋转时，一板向前，一板向后；膝屈曲时，股骨内、外髁滑动于半月板与胫骨平台之间。膝关节的此种旋转活动是造成半月板破裂的主要原因。半月板的自然形状和本身的弹性以及边缘的附着，均趋向于阻止其进入到关节的中心，但当内外旋转并同时屈曲时，股骨髁与半月板之间的关系发生改变，半月板向前或向后移动，使其一部分推进关节中心；当再伸直时可能因受压而产生纵向破裂或桶柄状撕裂。当半月近中央的部分被拉直后，若超出其弹性限度，则会在其凹侧产生横裂。

6 踝与足部损伤

（1）跟腱断裂

跟腱是人体最粗、最大的肌腱之一，成人跟腱长约15厘米，起始于小腿中部，止于跟骨结节。肌腱由上而下逐渐变厚变窄，从跟骨结节上4厘米处开始向下，又逐渐展宽直达附着点。跟腱在临近肌肉部和附着点部分均有较好的血液供应，而其中下部即跟腱附着点以上2~6厘米处，血液供应较差，肌腱营养不良，因而该处常易发生断裂。其症状是局部有明显肿胀，疼痛，跖屈无力，不能踮脚站立，跛行，外观可见腱部失去原有形态而凹陷。

（2）踝关节扭伤

踝关节周围韧带的损伤，有明显的扭伤史，伤后踝部疼痛、功能障碍。损伤轻者仅局部肿胀，损伤重者整个踝关节肿胀，并有明显的皮下瘀斑，皮肤呈青紫色，跛行步态，伤足不敢用力着地，活动时疼痛加剧。内翻损伤者，外踝前下方压痛明显，足作内翻动作时则外踝前下方疼痛：外翻扭伤者，内踝前下方压痛明显，强力作踝外翻动作时则内踝前下方剧痛。严重损伤者，在韧带撕裂处可摸到有凹陷，甚至摸到移位的关节面。

（3）踝部腱鞘炎

多数伴有踝部扭伤、劳损或受寒史，其症状是踝部酸痛或隐痛，稍活动后症状减轻或消失，休息后疼痛反而加重，有时局部触及会有"吱吱"声，踝关节屈伸活动时响声更明显。

7 急性腰扭伤

由于腰肌的强力收缩，使脊柱急骤屈曲扭转。可能导致骶棘肌与腰背筋膜结合部撕裂。当肌力不足而外力使脊柱急骤屈曲，容易造成棘间韧带、横突间韧带或髂腰韧带断裂。扭伤暴力可引起腰骶关节和椎间各关节囊、关节韧带、关节软骨的损伤或关节半脱位等，以上损伤可单独发生，亦可复合存在。扭伤后腰部会突然剧痛，腰肌痉挛时腰部僵硬，运动时疼痛加重。

8 慢性腰部劳损

长期超负荷活动致使腰骶部各种组织、椎间盘或脊柱等慢性损伤。休息时疼痛减轻，但休息过久又加重；多无明显的固定压痛点；少数可向臀部发散，个别病人直腿抬高试验为阳性，但加强试验为阴性。

二、常用恢复手段

1 冷敷

冷敷是运用低于人体温度的物理刺激进行治疗的一种方法。冷敷能降低局部组织温度，使血管收缩，减轻局部充血，具有止血、镇痛、防止或减轻肿胀的作用。常用于急性闭合性软组织损伤的早期，伤后立即使用，冷敷后应加压包扎并抬高伤肢。冷敷时一般使用冰袋或寒冷气雾剂。冰袋或把冰块装入塑料袋内做伤部冷敷约20分钟；若用寒冷气雾剂做局部冷敷时，喷射出的细流应与皮肤垂直，瓶口距皮肤20～30厘米，每次约10秒，不可喷射过多，以防发生冻伤，如条件限制，也可将冷毛巾置于伤部，持续2～3分钟后更换1次。

根据现在的医学理论，冷敷是最基本的处置手段，但似乎并不被人们所重视。实际上对患部深层的冷敷是非常必要的，但是，如果时间过长，也会引起患部及皮肤表面的冻伤，因此，掌握冷敷时间的长短是非常关键的。

采用什么手段才能使患部的深层得到冷敷？用凉水是不行的，最为适合的是使用冰块，用冰袋、冰水、冰块直接进行按摩，直到患部失去感觉。冷敷时间最长为20分钟，在进行冷敷过程中出现冰冷—体温回升—酸麻—没有感觉此类的变化时，中途应停止冷敷。关于这一点，在进行冷敷之前应该做一些指导。针对特别严重的伤势，如果20分钟的冷敷并没有减轻疼痛，那么在临睡之前每隔1小时再进行一次，在紧急处置的72小时之内，原则上进行3～4次。

2 热疗

包括热敷、红外线照射等，它能扩张局部血管，增强血液和淋巴循环，提高组织的新陈代谢，解除肌肉痉挛，加速淤血和渗出液的吸收，促进损伤组织的修复，具有消肿、缓解痉挛、减少肌肉粘连和促进愈合的作用。常用于急性闭合性软组织损伤的中、后期和慢性损伤的治疗。热敷时一般采用热水袋或热毛巾，每天1～2次，每次20～30分钟，毛巾无热感时要及时更换，热敷的温度要适当，以防发生烫伤，红外线照射治疗时，先把红外线灯预热2～5分钟，然后把红外线灯移向伤部的上方或侧方，灯距一般为30～50厘米，照射剂量以伤员有舒适热感、皮肤出现桃红色均匀红斑为度，如伤员自觉温度过高时要适当增大灯距，汗液应擦去，每天1～2次，每次5～30分钟。

炎症得到控制后，必须对损伤的组织进行治疗。身体组织是由细胞组成的，为了细胞的生存和再生，血液是非常必要的，同时还必须有充分的营养及热量，肌肉再生所需的蛋白质及骨再生所需的钙都是由血液运送到体内的。受伤的身体细胞再生则更需要大量的血液，炎症消失后如果还进行冷敷会使血液流通不畅，这时则必须提高患部的温度使血液保持流畅，因此，在进行治疗时必须首先用热水袋对患部进行热敷。

何时停止冷敷，何时开始热敷，可以把疼痛作为标准之一来判断。

平时多练习
让防身技巧成为一种本能反应

第五章

防身格斗操

防身格斗操通常由1个8拍的动作构成独立单元练习动作，练习时可依据实际情况增加相应的节拍数量，以8～10个8拍进行重复练习。本书介绍的动作主要是依实战姿势（左脚在前的格斗式）为基础，1～4拍为正向动作，5～8拍为相反动作，步法随技击要求灵活调整。

1 拳法连击

要点： 1拍左勾拳，2拍右摆拳，3拍进步左直拳，4拍还原成格斗式。

5～8拍换右直、左摆、右勾拳，退步还原成格斗式。

▶ 看视频学徒手防身 ◀
拳法连击1

▶ 看视频学徒手防身 ◀
拳法连击2

2 直拳撞膝

要点： 1拍左直拳，2拍右直拳，3拍双手抓拉撞右膝，4拍还原成格斗式。

5～8拍换右直拳、左直拳、左撞膝，还原成格斗式。

▶ 看视频学徒手防身 ◀
直拳撞膝

3 拍按弹拳

要点: 1拍左拍按，2拍右弹拳，3拍右直拳，4拍还原成格斗式。

5~8拍换右拍按、左弹拳左直拳，还原成格斗式。

▶ 看视频学徒手防身 ◀

拍按弹拳

4 格架托掌

► 看视频学徒手防身 ◄

格架托掌

要点： 1拍左肘臂上格架，2拍右肘臂上格架，3拍左托掌，4拍还原成格斗式。

5~8拍换右肘臂上格架，左肘臂上格架，右托掌，还原成格斗式。

5 勾摆弹踢

要点： 1拍左勾拳，2拍右摆拳，3拍右弹踢，4拍还原成格斗式。

5～8拍换右勾拳、左摆拳、左弹踢，还原成格斗式。

▶ 看视频学徒手防身 ◀

勾摆弹踢

6 挑肘蹬腿

要点： 1拍进步左挑肘，2拍右直拳，3拍右蹬腿，4拍还原成格斗式。
5～8拍换进步右挑肘、左直拳，左蹬腿还原成格斗式。

7 侧闪鞭腿

要点： 1拍左侧闪步左插掌，2拍右摆拳，3拍右鞭腿，4拍还原成格斗式。

5～8拍相反动作。

▶ 看视频学徒手防身 ◀
侧闪鞭腿（侧面）

▶ 看视频学徒手防身 ◀
侧闪鞭腿（正面）

8 插步侧踹

要点： 1拍左右直拳，2拍右后插步，3拍左侧踹腿，4拍还原成格斗式。

5~8拍相反动作。

► 看视频学徒手防身 ◄

插步侧踹

9 缠腕勾击

要点： 1拍挡抓缠腕，2拍后撤左砸肘，3拍进步右勾拳，4拍还原成格斗式。

5～8拍相反动作。

▶ 看视频学徒手防身 ◀
缠腕勾击（右侧面）

▶ 看视频学徒手防身 ◀
缠腕勾击（正面）

▶ 看视频学徒手防身 ◀
缠腕勾击（左侧面）